EL VUELO DE LA LIBÉLULA

EL VUELO DE LA LIBÉLULA

FLOR OLVERA

ola
PUBLISHING
INTERNACIONAL

Copyright © 2023 Flor Olvera, Todos los derechos reservados.

Ninguna parte de esta publicación podrá ser reproducida, almacenada en un sistema de recuperación o transmitido de ninguna manera ni por cualquier medio, ya sea electrónico, mecánico, mediante fotocopias o grabaciones, sin permiso previo de Hola Publishing Internacional.

Los puntos de vista y opiniones expresados en este libro pertenecen al autor y no reflejan necesariamente las políticas o la posición de Hola Publishing Internacional. Cualquier contenido proporcionado por nuestros autores es de su opinión y no tiene la intención de difamar a ninguna religión, grupo étnico, club, organización, empresa, individuo o persona.

Para solicitudes de permisos se debe escribir a la editorial, dirigido a "Atención: coordinador de permisos", a la siguiente dirección.

Hola Publishing Internacional
Eugenio Sue 79, int. 4, 11550
Ciudad de México

Primera edición, Junio 2023
ISBN: 978-1-63765-448-4

La información contenida en este libro es estrictamente para propósitos informativos. A menos que se indique otra situación, todos los nombres, personajes, negocios, lugares, eventos e incidentes en este libro son producto de la imaginación del autor o usados de manera ficticia. Cualquier parecido con personas reales, vivas o muertas, o eventos actuales, es pura coincidencia.

Hola Publishing Internacional es una empresa de autopublicación que publica ficción y no ficción para adultos, literatura infantil, autoayuda, espiritual y libros religiosos. Continuamente nos esmeramos para ayudar a que los autores alcancen sus metas de publicación y proveer muchos servicios distintos que los ayuden a lograrlo. No publicamos libros que sean considerados política, religiosa o socialmente irrespetuosos, o libros que sean sexualmente provocativos, incluyendo erótica. Hola se reserva el derecho de rechazar la publicación de cualquier manuscrito si se considera que no se alinea con nuestros principios. ¿Tiene una idea para un libro que quisiera que consideremos para publicación? Por favor visite www.holapublishing.com para más información.

Dedico este libro a mi padre, que está en el cielo, y que fue quien me formó; y a mis hijos, que siempre han estado a mi lado, apoyándome y me impulsan a continuar adelante.

Mi padre Basilio

Mis hijos Nelly, Yari, Josué, Jackie, Yami y Bryan

Índice

Prólogo	13
Lágrima oculta	17
Plegaria	19
Tu luz	20
Inspirando amor	21
Tiempos de llorar	22
Siete vidas	24
Más de dos	26
Pies descalzos	27
Funeral de mariposas	29
Una sonrisa	30
Beso	31
Tu fantasma	32
Cupido	34
Tierra arada	36
Tonterías	37
Clamando justicia	39
Quiero el sol, amo la luna	40
Los invencibles	41
Ama la vida	44
La esperanza	45
Empatía	47
La magia del amor	48

Frenesí	49
Cenizas	50
Ángel de alas blancas	51
Luna	52
Complicidad	54
Plenilunio	55
Rota	57
Liberación	59
Romeo y Julieta	61
Cambios	63
Laberintos	64
Amor real	65
Reflejos	67
Triste despedida	68
Recuerdo	70
Reloj a la inversa	72
Prisionera	74
Nostalgia	75
Morir por amor	76
Fuente de vida	78
Mujer	80
Mosaico	82
Mi locura	84
Mi brillo	85
Insomnio	87
Mar y arena	88

Tristeza	89
Alma vieja	91
Soy yo	92
La matatena	94
Mi salvación	96
Retazos	97
Nulidad	98
Mi deseo	100
Felicidad	102
Utopía	103
Pescador de sueños	104
Flor del desierto	106
La página 10	108
Canto al cielo	109
Bruma	110
Reflejo de la falsedad	111
Lágrimas	112
Sin margaritas	114
Fénix	115
El canto de la chicharra	117
Autoestima	119
Buscando motivos	120
Mis letras	122
La tinta de mi pluma	123
Mala madre	125
Mi cajita de Pandora	127

Sésamo	128
Sensaciones	129
Mis versos	131
La paz	132
Silencios	134
Flor marchita	135
Quimeras	136
Miranda	138
Miranda	140
Sensorial	141
Poesía	142
Culto a la vida	144
Letras garabateadas	146
Ángel de verdad	148
Hermandad	149
Sin condición	150
Ni santa ni diabla	151
Amar	152
Tesoro	153
Silla vacía	155
Mi padre vive	158
A mi hijo	160
Madre mía	162
A mi hija	164
Abuela	166
A mi padre	168
Madrecita	170

Prólogo

Lucelly Díez Bernal

La poesía de la mexicana Flor Olvera es una poesía desnuda, abierta a la vida, sin aspaviento alguno, intimista, sencilla y profunda.

Flor Olvera indaga dentro de su ser y se comunica en forma confesional con su yo interior, y es ahí cuando su pluma saca a flote esas letras que reflejan un alma resiliente, bondadosa y grata, que encara los avatares y vicisitudes de la vida.

Leer la poesía de esta bella y trajinada mexicana, es leer las etapas de su vida, su férrea y sólida personalidad, y verla surgiendo en cada tropezón y caída.

A través de su pluma, se devela lo más íntimo de sus sentimientos, lo que le causa profundo dolor, inconformidad y reclamo. En la lectura de sus poemas, no es difícil hallar los latidos de su corazón noble, su melancolía escondida y su ignorada angustia.

La poesía desnuda y sencilla de esta gran mujer mexicana abarca el olvido que hiere, la queja escondida y la ilusión perdida de los seres que amamos.

En su poema "FUNERAL DE MARIPOSAS", habla del duelo, ese proceso interno y desolado que sobreviene a la ausencia y al no convertirse en realidad sus sueños. Su poesía conmueve al llenarnos de su ser; toca fibras al abarcar el sufrimiento y esas ausencias que arrodillan el corazón y lo postra a la más absoluta soledad y desasosiego.

La poeta indaga dentro de su ser y se comunica en forma confesional con su yo interior y, es ahí cuando su pluma saca a flote esas letras que reflejan un alma honesta, resiliente, bondadosa y grata, que encara los avatares y vicisitudes de la vida. Es una abanderada y fiel representante de la literatura de México, de sus raíces, sus costumbres y su gran herencia cultural. Leer la poesía de esta bella y trajinada mexicana es leer las etapas de su vida, su férrea y sólida personalidad y verla surgiendo como el ave fénix en cada tropezón y caída.

En su poema "LIBERACIÓN," nos conduce a soltar miedos y ataduras.

Flor Olvera es un gran árbol otoñal que abriga, cobija y sacude sus hojas para transformarse y renovarse, dando fe a través de sus versos y prosa de su valentía y su resistencia. Su alma escucha el fragor de su ramaje y lo plasma en su pluma, dando testimonio de su resurrección.

En su poema "ROTA" hace gala de su gran fuerza interior y de la confianza final en sí misma, en sus sueños y objetivos. Es más que una poeta, es la matriarca de una bella familia, digna de su lucha, templanza y fuerza.

Convierte su dolor y pesadumbre en nuevos aires y ahí radica la magia de su voz poética. En medio de la sequía del desierto, la poeta surge como un visible cactus, con sus espinas y excepcional florescencia.

En su poema "PIES DESCALZOS", a través de un diálogo interno y llano con su alma, nos detalla su peregrinaje y el sendero por el cual encamina sus pasos.

Así pretenda pasar inadvertida, con sus letras, su historia y leyenda personal, no pasarán invisibilizadas. Su legado es y será inolvidable.

Flor Olvera: ¡Es una lección de vida en mil campos! A cielo abierto, de variados matices y colores. La autenticidad de su voz y la sinceridad vertida en cada uno de los poemas que conforman este poemario, le auguran un gran recibo por parte de los lectores.

Lucelly Díez Bernal
Abogada y poeta colombiana.

Lágrima oculta

Busco un pintor,
que sea un experto.
Único requisito:
que sea muy bueno,
que tenga el don
en sus dedos
para plasmar mis deseos.
Que con pinceles matice
del alma mis cicatrices,
que dibuje mi sonrisa
y la chispa en mi mirada.
Quiero un dibujo pragmático,
donde mis banzos suspiros
en retórica poesía
simulen mis soledades
y sea captada mi dicha.
Donde se vea reflejada
la luz que yo le he robado
al sublime astro lunar.
Un dibujante que capte
estos deseos que profeso
de amar y vivir la vida,

que transmita el amor
y los deseos de vivir
que tiene mi corazón.
Que atrape mi lágrima oculta
y el melifluo de mis besos,
que pueda pintar mi insomnio.
Que con pincel le dé un toque
de olor a tierra mojada
a mi esencia acebada.

Plegaria

Una plegaria por el mundo
que fenece abruptamente
y otra más por el humano,
porque le es indiferente.
Acariciar las perlas de un rosario
nunca será suficiente
para hacernos responsables
de cuidar el medioambiente.
De brindar nuestra empatía,
de que cambiemos nuestra mente
y hacernos solidarios
con amor a nuestra gente.
La Pachamama apuñalamos
y hacemos que no miramos.
Así recemos mil plegarias
nunca la restauramos.
Destruimos nuestro hábitat.
Profanamos lo sagrado,
y aun así nos sentimos dignos
de un Cristo Crucificado.
Pretendemos que una cruz
limpie nuestros pecados
sin hacer el menor esfuerzo.
¡Estamos jodidamente fregados!

Tu luz

La vida no te cuestiona
para enfrentarte a los retos.
Vicisitud inefable
pone a prueba tu actitud.
Ármate de resiliencia
con actitud e insistencia.
Que tu escudo sea Jesús.
Vístete de resiliencia,
que la fe mueve montañas.
Acepta con amor tu cruz.
Que, si superas el reto,
admirada tu virtud,
y si en el intento fracasas,
sigue brillando tu luz.

Inspirando amor

Ella quiere un abrazo,
y desea una copa,
un brindis en grupo
que su vida está rota
que no le pregunten
cuantos años cumple
que la edad del alma
jamás se discute.
Que quiere las plumas
derramando tintas
plasmando entre líneas
sonetos y rimas,
que le hace feliz
escribir poesía
e inspirar al mundo
para que sonría,
le ruega a la luna
que brille bonito.
Su alma y su pluma
hacen buen equipo.
Disfruta la vida
y ama a Dios vivo.
Proclama en sus versos
la paz y el amor.

Tiempos de llorar

¿Cómo se le llama a esos días en
que te pesa el alma?
Que te levantas de la cama solo por inercia,
arrastrando los pies y posas tu
mirada en la ventana,
fingiendo que ves sin ver nada,
porque tienes perdida la mirada
y sientes correr la lluvia de tus ojos
sin motivo aparente,
simplemente martirizada por los
despojos de tu mente.
La catarsis no concluye, y te encierras en
un círculo del cual no haces el intento de salir,
y de pronto te enfrentas a una
lucha interna contigo mismo
y te cuestionas y te castigas.
¿En dónde quedó tu mente positiva?
¡Eres un fraude!
Tú, que siempre motivas, hoy desperdicias
la vida sin sonreír ¡Qué ironía!
Y después te tranquilizas
a ti mismo.

Soy humano y debo darme permiso
de dejar fluir estos momentos, de llorar,
de juzgarme y aunque no soy de lamentos,
sé que hay tiempo para reír
y hay tiempo para llorar,
total, todo es
temporal.

Siete vidas

Con el cristal que yo miro
en el discernimiento en que veo la vida
para mí es muy importante hacer derroche de una actitud positiva.
Así evito la dualidad de oscuridad y misterio, enfrentando
el destino con fortaleza, actitud y esfuerzo.
Aunque el mundo es abstracto tengo la satisfacción
y el valor de buscar nuevos horizontes y apreciar
con pasión cada atardecer, disfrutar esa paz y esa armonía
que te brinda mirar al cielo sin melancolía,
haciendo a un lado el dolor y el lamento, perdiendo
la mirada en la bella luz de las estrellas sintiendo
la dulzura y psicofonía del hermoso reflejo de la luna,
o con gratitud observar el magistral sol
que nos envía los buenos días en fulgurantes destellos
desde el espacio.
No hay paso a la desolación, el llanto o la agonía.
Con pasión, felicidad y alegría, venzo la encrucijada de la vida.
Sin deslealtad conservo amigas.
No hay decepción ni soledad, exilio los miedos.
Te invito a disfrutar la vida emitiendo sonrisas,
despojado de egos, di no a la soberbia, enfrenta
tus miedos.

No desesperes, los escalofríos del dolor pasan,
la vida te abraza. Antes de fenecer disfruta del alba
o maravíllate de una noche estrellada.
Tu actitud tiene el poder de transformar
los desgarres del alma.
Haz como yo, que aún con adversidades y limitaciones
disfruto la vida,
sintiendo la brisa del mar golpeando mi cara,
camino con la frente en alto,
siento como si tuviera siete vidas, igual que el gato.
Me caigo mil veces y mil una me levanto.
Sin temor o sobresaltos, tomó el toro por los cuernos
y voy por la vida superando fracasos con perseverancia,
siempre hacia adelante. Para atrás, ni
para tomar impulso.

Más de dos

Nace de un grano de arena
y se convierte en perla.
El amigo verdadero,
ese amigo de a deveras,
el que te brinda el abrigo
para mostrarte su afecto
el que te dice a la cara
tus virtudes y defectos.
El que te tiende su hombro
cuando hay adversidad
el que te abraza en silencio
y hace suyo tu pesar.
El que te ofrece empatía
porque es íntegro y leal.
El que sufre tus tormentas
y abraza tu tempestad.
El amigo verdadero es
el que camina a tu par.
Es un diamante preciado
que se debe de cuidar.
Muy pocos hay en la vida
que te acepten como sois.
Yo soy muy afortunada
porque tengo más de dos.

Pies descalzos

Ahí va ella
con los pies descalzos
sumergiéndose en la arena
con una gran sonrisa
para disfrazar las penas.
Con los sueños rotos
retorciéndole las venas.
Con el paso lento
arrastrando sus condenas.
Con el alma en vilo
afligida, atolondrada.
Incitando al corazón
a no darse por vencido,
invitándolo a dejar
el dolor en el olvido.
Emergiendo como espuma
dándose ánimo a sí misma.
Reflejada por la luna
alimenta su autoestima.
Constantemente se repite
¡Soy éxito, luz y abundancia!

Su mente encapsula
energía positiva.
No pierde la esperanza
de dejar huella en la vida.
Disfruta la soledad
pues se tiene a sí misma.

Funeral de mariposas

Un minuto de silencio.
Hoy mi alma está en duelo.
Las mariposas de mi vientre
hicieron el último vuelo
y se llevaron consigo
la resonancia de mi pecho.
Van adheridos a sus alas
mis ilusiones y anhelos.
La noche se vistió de luto,
la abraza un lúgubre frío,
un vuelo de mariposas
hoy quedó interrumpido.
Había soñado liberarlas
en un edén y no se hizo,
pues no logré entrelazar
tu corazón con el mío.
No es la primera vez
que no le atina Cupido.
Voy a lanzarle su flecha.
Esta noche, sale herido.

Una sonrisa

El beso mañanero
yo se lo ofrezco al espejo.
Lo hago cuando me levanto
porque amo ese reflejo,
le regalo una sonrisa
y ofrezco algunos consejos.
Unos dirán que es soberbia
y otros más dirán que es ego.
Yo solo intento decirme
que valgo mucho y me quiero,
que elevando mi autoestima
mi amor propio es primero.
Porque, para dar amor,
el corazón debe estar lleno,
es por eso que es mío
ese beso mañanero.

Beso

Un beso profundo
depositado en mi frente,
que renueva mi mundo.
¡Un beso diferente!
Cargado de magia,
el amor es su fuente.
Beso inmarcesible,
un tatuaje presente que
se atesora en el alma,
pues aún hoy se siente.
Ese beso entrañable
porque papi está ausente.
Beso sin falacia
incrustado en mi mente.

Tu fantasma

Nada es tan cruel
como el olvido
cuando no llega.
Hice mil intentos
por olvidarte
y tu recuerdo
mi alma cercena.
Inmarcesible
está tu recuerdo en
mi mente enferma,
te veo en la sopa,
huelo tu aroma,
siento tu piel.
Por las mañanas,
hoy mis auroras
son telarañas.
Ahora, tu fantasma
me acompaña.
Y por las noches,
en mis insomnios,
es que te ensañas
y permaneces

cual cuchillito
o daga en el alma.
No hay exorcismo
ni brujería, que extermine
o mate el fantasma.
Di cómo hiciste
para olvidarme
que ya mis ojos
quedaron secos
por extrañarte.
Soy candidata
de un manicomio,
en tu fantasma
queda mi insomnio.
No es que me duela
que te hayas ido,
fue que mi alma
se fue contigo.

Cupido

Entrega de Cupido.
Cupido cayó abatido
por un movimiento armado
por fallar la puntería
sus alas le destrozaron.
Ya no pudo hacer su entrega
de flechas que había planeado.
El Cupido cazador
hoy resultó cazado.
La bala que lo mató
ha sido la de un soldado
y dejó a la desventura
a muchos enamorados
que esperaban con fervor
por Cupido ser flechados.
El día de San Valentín
huele a luto, no hay regalos,
no hay citas para comer,
no hay amigos, no hay abrazos.
Las sonrisas se extinguieron.
Igual, los enamorados...
No se asusten.

Se hace el muerto
ahí en el piso, tirado.
Por los siglos de los siglos
Cupido sigue flechando.

Tierra arada

Aremos la tierra.
Volvamos a arar la tierra
con el don de nuestras vidas.
Vamos a vivir bonito
y abonarle con poesía.
Vamos a abrazarnos todos.
¡Que florezca la empatía!
Sembremos las semillitas
de respeto y armonía.
Dejemos un buen legado,
digno de nuestra estadía.
Que siga nuestra mortaja
un carrusel de sonrisas
porque despiden al ser.
que le hizo una oda a la vida para que aquellos que
lleguen encuentren la tierra arada que pongan
semilla fértil con la herramienta dejada y recojan la cosecha
con el alma relajada, que compartan de los frutos
que les dio la tierra arada, y promuevan la empatía
que sin precio es muy preciada.

Tonterías

¿Quién no ha hecho tonterías?
El que esté libre de pecado
que lance la primera piedra.
Yo hice tantas en la vida
y afronté las consecuencias.
Bajando intenté subidas y
hoy conservo la experiencia.
Golpes contra la pared
encontré en mi rebeldía
cicatrices en el alma
fue marcando mi osadía.
Si me decían que era azul
yo amarillo lo veía.
Siempre llevo la contraria
porque mi esencia es así,
critican mis garabatos,
yo en poesía los describí.
Cuando dicen que no puedo,
yo, con hechos, digo sí.
Mis fracasos superados
son los que hablan por mí.

No tengo el cielo comprado,
pero sé que soy de ahí.
¡Tonterías es mi pecado!
Mi humildad es frenesí.
He lanzado ya la piedra.
Tontina, soy sin mentir.

Clamando justicia

No sé mucho de la historia
me baso en lo que he leído,
un pueblo clama justicia.
¡La voz de los oprimidos!
Está sangrando la herida
por seres sin compasión.
Muchos desaparecidos
movidos por ambición.
Dolientes lloran sus muertos,
emiten fuertes lamentos,
no tuvieron oportunidad
de poder enterrar sus cuerpos.
Son hermanos que sufrieron
una terrible invasión
La guerra de las Malvinas
destrozó su corazón.
El pueblo tiñó de sangre
al repeler la agresión.
Niños sin entrenamiento
algunos héroes de honor.
El pueblo clama justicia
pues no se olvida el dolor.
Seres que no regresaron
se oprime el corazón.

Quiero el sol, amo la luna

Dame el sol tan necesario
que necesito su energía
si puedes Dios, dámelo a diario,
porque su adonis da alegría.
Su calorcito me renueva
en sinfonía con la poesía.
Dame en todas sus facetas
a la luna escarlata
porque teniéndola en penumbra
soy millonaria aun sin plata.
Ella es mi musa inspiradora,
la que me dicta los poemas,
ella es la cómplice de mi alma
si es que la aqueja alguna pena,
cuando una nube me la esconde
y cubre su luminiscencia,
de mis ojos fluyen borbotones
derramando algunas perlas.
El melifluo que da su luz
me reconforta el corazón
y así me interno entre las letras,
creando utopías y ficción.

Los invencibles

Invisibles ante el mundo
los abraza la pobreza
van desnudos de cariño
en harapos de tristeza.

Soñadores indulgentes,
los abrigo con mis letras.
Con el estómago vacío
entra el hambre por la puerta.

En espera de un milagro
se despojan de sus fuerzas,
explotados por el ogro
que va amasando sus riquezas.

Jornaleros y peones
con el alma desgastada
apaleado el sentimiento
muestran sonrisas forzadas.

Los motiva la esperanza
y la sonrisa de sus hijos,
confían en un buen mañana
abrazando un crucifico.

Diariamente dan la lucha
sin lamentar el cansancio,
se alimentan de optimismo
aun con los pies descalzos.

Un machete su herramienta,
un costal, una escalera.
La semilla pa' la siembra
y el costal pa' la cosecha.

Un morral colgado al hombro
donde sienten cargar plomo,
un guaje con agua fresca
y unos tacos de palomo.

Un pañuelo pal sudor,
el sombrero no perdonan,
y si encuentran un conejo
hoy la cena sabe a gloria.

Muchos los llaman "los pobres",
y a ellos no les molesta,
refulgen sus corazones
pulidos por su grandeza.

Se mofan del millonario,
incluso les da tristeza,
ver que se sienten salvos
tan solo por su riqueza.

Vestiduras de humildad,
honestidad y respeto.
Serviciales como nadie,
para ellos, hoy son mis versos.

Ama la vida

Ama la vida porque es efímera,
sabemos cuándo llega
pero no cuándo termina.
Ámala que nos fue dada para vivirla.
Tiene su gracia, solo basta descubrirla.
Posee magia, pasión y paradigmas.
Tiene un puñado de bellezas escondidas.
Entre ellas, una: La naturaleza viva,
un faro hermoso que se enciende por las noches.
La llaman Luna
y de belleza hace derroche
acompañada de estrellitas titilando
silenciosa cómplice de poetas y escribanos.
¡Ama la vida! Por favor
¡Vívela al máximo!
No la descifres, solo vívela amando.

La esperanza

Vive el momento
porque el tiempo avanza.
Si lo dejas pasar,
tal vez ya no alcanza.
El tiempo es invisible
ni siquiera se palpa,
pero está ahí
y sientes que pasa.
Ve y disfruta el hoy,
pues la vida te invita.
¡Vive con amor!
Obsequiando sonrisas.
Da de corazón
porque el dar es bonito,
que es de bendición
ayudar al caído.
Y si caes ahí
en un gran abismo,
no pierdas la fe.

Siempre con optimismo,
y se siempre tú,
nunca imites a nadie,
sé original, original
como el aire.
El tiempo es vital
en cualquier circunstancia,
nunca pierdas la fe
siempre hay esperanza.

Empatía

Reverberando una esperanza
se consumen nuestros días.
La esperanza, un nuevo mundo
donde fluya la alegría,
se marchiten egoísmos
y que toda la violencia,
se convierta en empatía.
Donde el arma más letal,
sea transformada en poesía.

La magia del amor

Magia, lo que se dice magia, le llamo a
ese imán con el que dos almas conectan,
que, aunque se encuentren a mil millas de distancia,
se palpan tanto como si estuviesen cerca,
porque hay un hilo invisible de corriente
y el melifluo de tenerse los acerca, que
la distancia se elimina fácilmente,
porque la magia del amor,
todo lo vence.

Frenesí

Libérate de culpas que no te pertenecen,
desecha ese pasado que fue tan infeliz.
Escala ese peldaño que siempre has anhelado,
que tienes la experiencia que dejan los fracasos
y toma ese presente que, abriéndote los brazos,
te muestra las opciones que tiene para ti.
Acepta tus errores y enaltece tus virtudes,
lánzate a la vida con valor y frenesí
y sé tu prioridad, que, cuando llegue tu partida,
nadie más lo hará por ti.
Nadie por ti, va a morir.

Cenizas

Se han quedado atrás
las vivencias de los años
con los daños, las heridas,
cicatrices y fracasos,
las veredas y los puentes que cruzamos.
Amistades y amores olvidados
y las metas que en silencio realizamos.
Suelo mirar atrás, para ver
ese camino recorrido.
Incinerado está ese pasado
que algún día estuvo encendido
y ya no hay marcha atrás.
Nada se puede hacer,
ni removiendo las cenizas
se vuelven encender.
Voy a enfocarme ahora en el futuro
para hacer algunos cambios,
voy a confiar en mí, aprendí del error
y de los sueños marchitados.
Hoy todo fluirá tal como yo lo había deseado.

Ángel de alas blancas

¿Le temes a la muerte?
La pregunta inesperada.
Ya le tengo el sofá listo,
porque estoy bien preparada
para darle bienvenida.
No le temo a la estocada,
la recibiré con flores,
con incienso, una charla.
Piensa que le temo,
que me lleva y ella gana.
Más no sabe que me espera
una vida renovada.
Porque apagarán mis ojos
mis pupilas dilatadas.
Se encenderá la luz,
esa luz que alberga mi alma,
se liberará mi espíritu
le brotarán las alas.
Emergiendo con ahínco
hasta el cielo, que es mi casa,
donde me espera Jesús
que es mi ángel de alas blancas.

Luna

¿Quién apagó la luna?
Había tristeza en mi alma
y me salí a buscarle
a ella. Le cuento todo
siempre suele escucharme,
me reconforta su reflejo
cuando cuento mis pesares.
Ya era un poco tarde
cuando salí a buscarle,
pero, desafortunadamente,
no logré encontrarle.
¿Es que acaso se escondió?
¿Es que fueron a apagarle?
¿Quién apagó la luna?
Mis ojos lloran a mares.
Quizá el sol fue tan cruel
que decidió ya no amarle
y ella murió de tristeza,
su dignidad de mujer
no le permitió rogarle.
Solo son mis conclusiones,
porque no logré encontrarle.

Quizá solo esté dormida
y resplandezca cualquier tarde.
Yo estaré feliz de volver
a contemplarle.

Complicidad

Llega la noche y, con ella,
la magistral luna y las estrellas.
Sin decir más tomo mi vieja libreta
y me dispongo a plasmar poemas.
Poemas que me traen recuerdos
de mis pies descalzos sobre la arena.
Recuerdos de familia que ya no está,
en una hermosa noche buena.
Me inspiro, así, bajo el denso brillo de la luna...
Ella es mi cómplice.
Me da inspiración como ninguna.
Manda a mi mente excelentes musas.
La tenue luz de las estrellas titilando
motivan a escribir mi mano,
que hace círculos solamente rayando.
buscando inspiración en lo alto.
Y así, en complicidad con la luna,
en una noche taciturna,
escribo letras. Pues tengo la fortuna
del hermoso don de la pluma.
¡Aspirando a ser poeta!
Siempre detrás de la pluma,
soy una humilde junta letras
en compañía de la luna.

Plenilunio

Luz de luna, sortilegio
que me tiene a su merced.
Plenilunio bautizado,
magia del anochecer

Luminiscencia embriagante,
adicta soy a tu abrigo.
Si tu ausencia me atormenta,
para mí, es magno castigo.

Esplendor incomparable,
compañía en mi soledad,
centelleante refulgencia
siempre digna de admirar

Cómplice de mis silencios,
bálsamo de mi ansiedad.
Mi adicción es tu reflejo.
Luz de luna, ¡mi deidad!

No hay barrera que te impida
mi ventana atravesar,
tu fulgor es prodigioso
pone mi pluma a danzar.

Es tu magia inspiración,
en este punto de encuentro
agradezco al resplandor
que ha besado mi cuaderno.

Rota

Hecha polvo el aura,
vagante la mirada,
con dudas en la mente,
sin respuestas contestadas

Rimbombe el eco débil
de mi esencia indiscutible,
imprecisa la afección,
emergiéndome sensible.

Sucumbe poco a poco
el dolor haciendo estragos.
Lo dulce de la vida
se me fue tornando amargo.

Mi coacción desgarra el pecho
y emerge con vigor,
invencible hasta la muerte,
como que me llamo Flor.

Así como el ave fénix
resurge del dolor,
surge mi metamorfosis
sujetada del Creador.

Tal vez el tocar fondo
sea la motivación,
de sonar los cascabeles
que habita el corazón.

No sé a dónde se ha ido
la luz de mi Interior,
pero resurgirá
causando resplandor.

Liberación

El fantasma del espejo.
Cautiva de sus miedos
buscaba algún culpable
ignorando que el culpable
ella lo llevaba interno.
Se buscaba en el espejo
y aparecía el fantasma.
¡Total luminiscencia!
En harapos vestía el alma.
Inefable su actitud,
consumida en autofilia,
retrocedía un peldaño
buscando la subida.
A punto de caer,
tremenda epifanía
la sacudió de golpe
y la motivó enseguida.
Temores a la hoguera
coacción llegó a su vida.
Gritando, haciendo eco:
¡Tú tienes la salida!
Por Dios, cree en ti misma.

Se apoderó de ella
inconmensurable fuerza,
rompiendo las cadenas
que la mantuvieron presa,
obteniendo, por sí misma,
liberación completa.
Idílico el momento
cargada de ataraxia.
Sublime como una ninfa,
opacando las estrellas
con sempiterno halago,
repitiendo con coraje.
¡Se puede! ¡Qué carajo!

Romeo y Julieta

Dos familias que se odiaban
demostraban su coraje,
no deseaban se mezclaran
ni la sangre ni el linaje.

Eran sus progenitores
víctimas de su discordia,
pues tejían hebras de amores
escribiendo así su historia.

Pero al ser incomprendidos,
desafiaron al destino,
para unirse eternamente
acordaron el suicidio.

Las campanas redoblaron
anunciando así la muerte
de dos almas inocentes
cuyo pecado fue quererse.

El final marcó la historia
de Romeo y de Julieta.

Le hicieron saber al mundo
que la muerte es otra puerta.

Para amarse eternamente
y no hay odio que amor venza,
a los seres que se oponen
debería darles vergüenza.

Cambios

Difíciles son los cambios de la vida,
más difícil sería
no tener transiciones.
Aunque a veces son tan necesarios
muchas veces duele el alma realizarlos.
Como equinoccio de otoño
despidiendo el verano,
me calaba en los huesos
ese frío del invierno
que aún no había llegado.
En crisálida se forma
en mi banzo corazón,
un pragmático cambio
que buscaba en su interior,
reverbera un remanso que le diera sosiego,
ese cambio impredecible que cerrara las
grietas raídas de su alma confundida.
Encontré, entre las letras,
ese sorbo de vida,
y opté decida por
fundirme en la pincelada
inspirada de la poesía.

Laberintos

De pronto, la vida te lleva ahí,
como el viento a la hoja caída del árbol,
con suavidad, recorriendo lugares inusitados del alma,
penetrando por laberintos inimaginables, dejando
un sabor dulce amargo o creando nudos
de garganta,
incluso, formando cascadas salinas
provenientes del ojo del lector;
otras veces, otorgando
paz o creando sonrisas, llevándote a recorrer
kilómetros de distancia, apreciando bellos paisajes
que describen las letras y solo existen
en la imaginación.
Magia le llamo yo.

Amor real

Tú y yo, así,
sin tener la fortuna
de una dulce caricia
como el sol y la luna
que se lanzan sus vibras
con rayitos de luz
que ambos destilan.
Que añoran un beso
y no pueden tocarse
Porque están tan distantes
como el cielo y los mares.
Que desean fusionarse,
siendo su complemento
y la distancia inmensa,
que embarga de pena.
Mientras, hago en mi mente
castillos de arena.
Te imagino en mi vida
y la sueño más buena.
Donde tú eres prisión
y yo soy la condena.

Donde yo soy la sangre
y tú eres las venas.
Y el sueño no acaba,
está ardiendo en quimeras.
Nuestro amor es real
de pluma y libreta.

Reflejos

Mi anhelo en la vida
es estar siempre juntos,
pero, si no quieres,
pues cuál es el punto
de escribirte versos
a cada segundo.
Ahora, mis letras
van para la Luna.
Ella sí me entiende,
tengo la fortuna
de tener su luz,
su abrigo y ternura.
A Ella mis versos,
poesías y sonetos
porque ella sí es fiel
y recibe mis besos.
Me abraza en silencio
y es mío su reflejo.

Triste despedida

Mis suspiros se han quedado suspendidos
y mi alma sollozante en el hastío,
porque no logro olvidarme de aquel tiempo
en que éramos felices, amor mío.
Donde yo era la Julieta de tu historia
y tú eras mi amadísimo Romeo.
Los recuerdos deleitan a mi mente,
se tatuaron y se niegan a salir.
Eres parte aún de mi presente,
esas memorias hacen bello mi existir.
Un amor puro de dos adolescentes
soñadores caminando de la mano.
Jurándonos amor eternamente,
ignorando la maldad del ser humano.
Tu ternura era bálsamo a mi alma.
Tu sonrisa, caricia a mi mirada.
Tu hombro fue el refugio de mis llantos,
en tus brazos me sentía complementada.
Una noche, una tristeza inesperada,
un dolor que fue desgarrador.
Me avisaron que atracaron tu morada
y te hirieron de muerte ¡Oh, señor!

Como loca fui hacia ti, desesperada.
Desangrándote en el piso te encontré,
me buscaba con ansia tu mirada,
de tus labios un susurro escuché:
Perdón, pequeña, por la triste despedida.
Eres lo más bello que me dio la vida.
Te espero allá donde brillan las estrellas.
Y exhalaste tu último suspiro.
Esas palabras en mi mente hicieron mella
dejándome sola, con dolor
y sin abrigo.

Recuerdo

Agitando entre los murmullos de brisa
encuentro el melifluo de tu mirada
deleitando mi pensamiento.
Inmarcesibles los recuerdos secuestran el tiempo,
el reloj no gira más, las manecillas hacen eco
con el pum, pum del corazón, pero no marcan la hora,
o al menos no quiero percatarme de ello,
sumida y extasiada en los recuerdos.
Así transcurre mi estancia entre melancolías y nostalgias
que abrazan el alma. Son estaciones de la vida,
unas veces primavera, otras otoño o invierno muy frías.
A veces, triste, nostálgica y otras más feliz,
positiva derrochando sonrisas.
Por lo pronto, tengo hambre de abrazarte y lo hago a la distancia,
solamente con pensarte.
He secuestrado tu recuerdo y con ello te encadeno
a mi memoria. A mil y un años luz
seguirás siendo parte de mi historia.
No te has ido, te quedaste, no he perdido ni ganaste.
Creo que tengo la victoria, porque solo al recordarte
son infinitas las horas en que puedo disfrutarte.

Qué importa si no me amas, dejarte ir también
es una manera de amarte.
Sé feliz,
que yo lo soy al recordarte.

Reloj a la inversa

Intentando girar las manecillas
del reloj a la izquierda
inconscientemente...
Forzando a mi mente
a ser lúcida y cuerda,
maquillo mi alma de luz
y sueño despierta.
El espejo me muestra
la nieve que cubre
las hebras de mi cabeza,
indicando el invierno
que sobre mis pisadas pesa.
No puedo hacer nada
por detener mi
primavera muerta.
Así que tomo mi pluma
tratando de dejar huella.
Y no, no soy poeta,
tan solo una humilde
junta letras,
que deja fluir la pluma
y sueña despierta.

Completamente imperfecta,
aún con el
corazón mutilado
no deja de creer en el amor
y mantiene la puerta abierta.
A veces, cual niña inocente
pidiendo a la luna respuestas,
y otras, completamente adulta,
amando la naturaleza.
Unas más veces, radiante,
jovial, optimista, gozando
sus grandes proezas.
No le teme a nada,
ya sabe lo que es caer
hasta el fondo
y escalar de
nuevo la cuesta.
Ella sabe que si
vuelve a caer,
va a impulsarse con fuerza,
ya tiene experiencia.
Pretende dejar un legado
en sus letras
aunque no es poeta...
Girando el reloj
a la izquierda,
imitando al ave
que vuela los cielos
sonriendo, libre
y cantando
sus trinos a capela...

Prisionera

Encarcelado en tu abandono
está mi corazón,
por la crueldad
de tu indiferencia
estoy perdiendo la razón,
inundando mares con mi llanto.
Quiere olvidarte el pensamiento,
negándose a salir el sentimiento.
Prisionera soy del melifluo,
inmarcesible de tu alma.
Feneció el amor y la promesa.
Me dejaste sola,
insuperable el dolor que me embarga
y la tristeza.
El silencio abraza y no hay manera
de romper barrotes invisibles
¡Aprisionan fuerte y no me sueltan!
Ya caí al cenote tan profundo
y nadando voy a sotavento.
Dime, ¿cómo puedo yo olvidarte?
Si lo intento y más es que te pienso.

Nostalgia

Los recuerdos grises
de tu amor perverso
me roban la calma,
me están consumiendo.
Eres esa droga
que habita el cerebro.
El puñal clavado
que oprime mi cuerpo.
Ya no tengo paz
en ningún momento,
me siento infeliz
y fallezco lento.
Entre más te pienso
desgastas tu ausencia,
desgarras mi pecho
matas en silencio.

Morir por amor

Dos vidas en medio del dolor.
Ella muere lentamente,
no consigue un corazón.
El doctor ha sido honesto,
conseguirlo es su salvación.
Ambos se abrazan en silencio,
no demuestran su dolor.
Él desea ser su fortaleza
y alimenta su ilusión.
Deposita besos en su frente.
Ella es su primer amor.
Él le exige a su inconsciente
que le dé una solución.
Ella lo acaricia con su mano
y le susurra: No pasa nada, amor,
la fuerza que necesito para vivir
me la da tu calor.
Recordemos esas tardes, caminando abrazados
tú y yo.
Esos momentos guárdalos en tu memoria por
si acaso me voy.

Si mis ojos se cierran para siempre
no sufras por favor.
Él con su mano cubrió su boca
Shhh. Ya no más, amor.
Y enseguida le dio un beso
tan largo que oprimió su corazón.
Él sabía que esa sería su última conversación.
Ella dormía y él decidió ser el donador.
El sacrificio de vida lo hizo por amor.
Él nunca supo que ella jamás despertó.

Fuente de vida

Para ti, mujer,
ejemplo de fuerza,
valor y poder.
Similar al roble,
tu esencia
y tu ser.
Henchido tu pecho
de amor y de paz,
se lee en tu mirada
ternura y bondad.
Dios, muy sabiamente,
te creó mujer,
eres esa fuente
de vida y placer
esencial para el mundo
y la humanidad.
Íntegra y segura
en toda adversidad,
surfeas los problemas
cual profesional.

Si caes de rodillas
te levantarás,
no hay nada en el mundo
que no vencerás,
porque tienes la fuerza,
porque escrito está
que eres muy valiente,
como tú no hay más.
Portas tus virtudes
con celebridad.

Mujer

Magistral creación del divino ser.
Dios no se equivoca. ¡Te hizo mujer!
Dotada de virtudes. ¡Todas por haber!
Tierra fértil tu vientre. ¡Eres madre!
Manantial sagrado de aguas cristalinas
formando cascadas, surcando mejillas, fluyendo,
así el dolor a ahorcadillas.
Eres roble extendiendo tus ramas,
dando sombra y protección a quien amas.
Han tenido la osadía de llamarte sexo débil y
se debe a que ignoran la fuerza que tienes.
Tu fortaleza es de hierro, de hierro fundido y
por más que te dobles, nunca haces ruido.
Soportas tsunamis, huracanes y vientos
y jamás te rompes. ¡Vives, aun muriendo!
Eres el melifluo del jardín de la vida,
flor inmarcesible, delicada, bonita.
Gota de rocío, eres lluvia, eres brisa,
y renaces siempre como el ave fénix aun de las cenizas.
Fuente inagotable de amor y ternura, dotada de fuerza,
inteligencia y poder.

Las palabras no me alcanzan para enaltecer al ser que
Dios puso por nombre mujer.
De pie ante la vida, arrodillada al creador
transmitiendo paz, indulgencia y honor.
Múltiples funciones te ha dado la vida,
y todas ejerces mostrando sonrisas.
No emites lamentos si llega el cansancio, lo haces
En silencio contra todo presagio, cuando llega la noche
mojando tu almohada, mordiendo tus labios
y al día siguiente que llega la aurora,
te levantas radiante, luces reforzada.
Eres rosa de abril, montaña empedrada,
diamante pulido, luz del universo,
luna escarlata.
Pilar de la familia, madre, hija, hermana.
Inspiración de poesía, eres musa,
eres hada.
Emites tu magia desde la alborada.
Eso y más eres tú,
mujer empoderada.

Mosaico

Una mujer fuerte,
luchadora aguerrida,
que ama ser honesta
y detesta las mentiras,
que a veces el enojo
lo saco en poesía,
otras veces, traviesa,
en mi pose de niña.
Para algunos arrogante
y para otros, buena amiga.
Disfruto mi libertad,
vivo en paz, muy tranquila.
No doy gusto a la gente,
me complazco a mí misma.
Mi pasado es recuerdo,
mi presente es ahora,
mi mañana es incierto
y si no me valoran,
simplemente me alejo
con la frente en alto
como gran señora.

No soy escritora,
mucho menos poetisa,
solo plasmo en papel
alegrías o cenizas.
Esta soy yo.
Nunca más sumisa.
Soy diferente porque
Dios me dio un corazón humilde,
un alma inquebrantable
y un espíritu indestructible.
Ni Diabla, ni Santa,
soy de mente blanca,
sangre de guerrera,
que pelea sin armas.
No cobro venganzas,
aquel que me hiere
le llega su karma.
Doblo mis rodillas
para dar las gracias,
en dirección al cielo
siempre mi mirada.

Mi locura

No soy destello del sol
ni reflejo de la luna,
ni soy estrella brillante,
ni más grande que ninguna.
Soy una simple mortal
apreciando la fortuna
de destilar la luz de mi alma
en poesía con mi escritura.
No plasmo métrica y rítmica,
mis letras van sin estructura.
Aprecio a la gente humilde,
pues de ahí viene mi cuna.
Mi esencia es transparente,
como lo es mi locura,
he aprendido a defenderme
sin necesitar tribuna.
Prefiero la honestidad,
la falsedad es basura.
Me forjó la vida a golpes,
llegar aquí, ¡ya es fortuna!

Mi brillo

Es verdad que ignoro
los designios del destino,
de la vida no sé nada,
solo recorro el camino.
Acepto que desconozco
los misterios del espíritu,
a la muerte no le temo
porque confío en el Dios vivo.
Eres un cirio apagado,
sin nada que ver conmigo,
el corazón se desgarra
si mi cerebro te exilia.
Lo acepto sin discusión,
se me ha perdido un tornillo.
No hay lógica en sol de queso
y la luna de membrillo.
El corazón nunca entiende
cuando de amores se trata,
habiendo reliquias caras,
elige la más barata
Estoy medio desquiciada,
o soy desquiciada y media,

pero mi luz brilla siempre,
aunque se apaguen las velas.
Luciendo voy por el mundo
el brillo que Dios me ha dado,
rogando porque muy pronto,
tu recuerdo sea apagado.
Me niego a seguirte amando,
pero el corazón no entiende.
Yo soplo porque se apague
y tu recuerdo más se enciende.
No vine a hablar del destino,
de la vida, o de la muerte,
solo deseo que terminen
estas ganas de quererte.

Insomnio

El insomnio me aprisiona
en barrotes de recuerdos.
Hay nostalgias en mi alma,
el corazón está sufriendo.
Surgen cristales salinos
desgarrando el pensamiento,
quiero tratar de evitarlo
y me invento algunos cuentos.
Instrumentos musicales
tocan música de viento
está lloviendo a raudales,
de dormir hago el intento.
Quiero distraer mi mente
y guardarme lo que siento.
Hacerle honor a la vida
y no cuando la esté perdiendo.

Mar y arena

Mis pisadas cedieron en el agua
y, posando mis ojos a la nada,
suspiré un rayito de esperanza
y expiró el hastío dentro de mi alma.

Aire fresco fluyó por mis pulmones,
gocé ser acariciada por la brisa
y olas golpeando a borbotones
convirtieron mis miedos en cenizas.

Me reí del pasado que deseaba
secuestrar los recuerdos en mi mente
y extendí mis alas renovadas
observando la vida diferente.

Tristeza

No puedo predecir lo que me depara
el destino, porque no soy adivino,
pero si sé que buscaré los mejores caminos.
La vida es incierta, pende de un hilo, casi termina
el año, no hagamos juicios, ni siquiera sabemos
si lo terminaremos estando vivos.
Disfrutemos el hoy por hoy con humanismo,
seamos sensibles y hagamos a un lado el egoísmo.
Ser serviciales es lo divino, no es
difícil dar un poco de nosotros mismos,
tender la mano y sujetar a quienes están por caer
en un abismo. Miro a un costado
y volteó al otro y se humedecen mis ojos.
Ya no hay valores, no hay respeto por la vida del prójimo,
se la arrebatan, lo mutilan, cual animales salvajes,
los hacen garras y todo por unos cuantos pesos.
Humanidad violenta, estresada, llena de odio o depresión,
eso me apachurra el corazón.
¿Cuándo fue que cambiamos los valores por un signo de pesos?
¡Oh, Dios!
Si lo vieran, nuestros ancestros volverían
a morir hoy de tristeza.

¿Cuándo fue que nos convertimos en esto?...
No lo podría decir,
solo sé que lo que era un mundo
bello, hoy es funesto.

Alma vieja

Tengo el tiempo desmedido.
No soy fan de los relojes, el presente es el que vivo,
aunque a nadie se le antoje.
Yo no cuento los minutos, ni impresiona si dilatan,
porque el tiempo va corriendo, se lo lleva una avalancha.
El futuro es impreciso, yo vivo sobre la marcha,
el ayer ya es pasado, es el hoy el que me gana
y no quiero averiguar si es que acaso
habrá mañana.
Pensar en tiempo futuro, de verdad,
no tengo ganas,
no hago planes a la larga, reconozco
que soy rara,
me han llamado alma vieja,
me lo dijo una gitana
y si así fuera alma vieja,
alma vieja
afortunada.

Soy yo

Perfecta, no soy,
ni anhelo serlo.
A la vida le sonrío,
ella me hace gestos.
Aunque haya fracasado
aún tengo sueños.
Los sueños no caducan,
pueden ser eternos
y siempre me propongo
luchar por ellos.
No pierdo la cordura
tan fácilmente,
pero, cuando la pierdo,
no estés presente,
mira que mis reacciones
son de un demente
y puedo hacerte garras
con solo verte.
Me gusta la humildad,
es mi plato fuerte;
detesto la soberbia
de tanta gente.

Creo en Dios omnipotente;
no creo en las leyes.
La justicia divina
es tan perfecta.
La prefiero a la venganza,
esa envenena.
Me amo y me valoro,
vencí mis miedos.
Me gusta ver la luna
en la noche oscura.
Le cuento de mis penas
y mis locuras,
adoro mis sonrisas,
me hacen el día.
Me río hasta de la risa
y amo la vida.

La matatena

Regresó como una utopía o espejismo
y volví a ver la pequeña, sí, ¡yo misma!
Tarareando los cánticos de mi infancia,
despeinada, jugueteando con mi raza,
esos niños que cerquita de mi casa
nos reuníamos saboreando un buen pinole
y comíamos el pilón con calabaza.
Vi dorarse los elotes en las brazas
acompañados de los plátanos asados
y, en la punta de la caña, la melaza.
En el patio, mi hermanito y sus canicas,
mi hermanita jugaba a la matatena,
el avión ya despintado en la banqueta, invitándome
a brincar en una pierna y el mechón que por
las noches me alumbraba en el centro de la mesa
en la cocina, los reflejos me llegaban centelleantes
y las lágrimas rodaban de esta niña.
Sobre el fogón había una olla de frijoles,
pero siempre se escaseaban las tortillas
y mi padre se esforzaba arduamente para
que nada le faltara a su familia.

Un piquete taladrando mi talón, pues descalza
me pique con una espina, el dolor me volvió
a la realidad y la utopía se
esfumó con la rutina.

Mi salvación

No le temo ni a los años
ni a las canas,
ya no hay miedo.
Ni a la piedra que ocasionó
mi tropiezo ni a las grietas
de mi piel.
Si me caigo, me levanto
impulsándome con fuerza,
superando los fracasos del ayer.
Si mis alas se fracturan,
las reemplazó
con pisadas de mis pies
y renazco empoderada,
construyéndome de nuevo
aun tragándome mi hiel.
No hay obstáculo tan grande
que me frene en el intento
de un nuevo renacer.
El aliento que me impulsa
es el hilo sacrosanto que me enlaza
con el rey.
Soy imperfecta y me ama
porque soy su creación,
sin verlo, yo confío que es mi salvación.

Retazos

A través del cristal
veo la lluvia caer
y la nostalgia me llega,
pesadumbre total
con hilitos de pena.
Se aletargan las horas,
gira lento el reloj
sus manecillas resuenan
haciendo un eco total.
El silencio es monótono
no me inspira poemas.
Pide a gritos mi alma
reconstruir los retazos
esparcidos como arena.
Voy lanzando una súplica.
Solo ruego al Señor
que mi salud ya sea buena.

Nulidad

Huérfana de tu mirada
he quedado tendida
en una encrucijada,
absorbida totalmente
por una rendija
entre las sombras
en medio de la nada.
Me arranqué a tirones
el inmenso amor que
alimentaba con la falsa ilusión
de que también me amabas.
Fui una ilusa, sí, lo sé.
Me tragué el orgullo
y pisoteé mi dignidad
por unos besos tuyos.
¡Sibilino! Eso eres,
porque son tinieblas
tus quereres.
Sí, eres indigno de mí,
no sabes tratar con mujeres.

Calcinaré tu recuerdo
lanzando las cenizas ardientes
sobre los sepulcros
de tu olvido,
para que, junto con ellos,
ardas en el recoveco
de tu egoísmo.
No te deseo nada malo,
tan solo que te abrace el reflejo
de ti mismo.

Mi deseo

Nunca exigí de más,
solo lo que merecía.
Me conformé con poco
y eso no lo veías.
Te idealicé bastante,
estaba equivocada,
todo lo di por ti
porque te amaba.
No supiste cuidar
Un amor bello
Preferiste buscar
en bajos suelos.
Ahora, te arrepientes,
y lo siento.
No escucharás jamás
Mis "Yo te quiero".
No estarán para ti
ya más mis besos.
Mi brújula hoy apunta
a otros cielos.
Lamento verte triste
¡Lo lamento!

Pues fue cuando te fuiste
que me encuentro
y mi aura brilla más
que con tus besos.
Despojos solo quedan
de lo nuestro.
El perdón te lo di
pero no vuelvo.
Ojalá seas feliz,
es mi deseo.

Felicidad

Soy feliz por elección propia,
porque lo merezco.
Porque la felicidad no depende de una pareja,
de un lugar o de un estatus económico.
Elegí ser feliz cuando supe que la vida es un instante,
un viaje demasiado corto, que tarde,
que temprano tendrá un final y no tengo
por qué desaprovecharla en amarguras,
egoísmo, sufrimiento, odio o rencor.
La vida es hoy y hay que gozarla,
el mañana es incierto.
La felicidad está dentro de sí mismo
y es decisión individual elegirla o no.
No podemos ir al súper y comprar seis o siete
libras de felicidad.
Nuestro deber es generarla.
La felicidad, según mi opinión,
no es un sentimiento, sino un estado de ánimo
que cualquiera de nosotros
es capaz de generar.

Utopía

Vivo en un mar de pasiones
y emociones
donde fluye el amor a borbotones.
Hay un muelle donde encallan las embarcaciones
cargadas de sentimientos, utopías e ilusiones.
Desde ahí lanzo mis redes
con carnada de letras, versos y poesía que
van pescando corazones, corazones que van
tejiendo redes y me atrapan en sus paredes.
¡Sí, el pescador resultó pescado! Y, cómo no,
si no leerles sería pecado, ya que mueven fibras
internas con sus poemas que abrazan el alma
y apaciguan el torrente de las olas,
dejándolas en calma.

Pescador de sueños

Mis dedos suaves, tan pequeños,
llagaron tocando música de viento,
pescando sueños e ilusiones.
Algunos encallaron muertos
en un arrecife desierto.
La vida...
¿Qué es la vida? Tan solo un momento.
La mía la voy navegando de puerto en puerto,
experimentando amores, caminando pueblos,
escuchando el ritmo de mis pasos lentos.
El reloj sigue girando; de pronto naces y ya eres viejo,
lastimosamente, no se detiene el tiempo,
por tal razón, yo lo aprovecho.
Mis incansables dedos
escriben prosas, se inventan versos
y continúan emitiendo una linda música de viento
inspirando rimas en mi pensamiento,
y continúo deleitándome, navegando a
mar abierto, disfrutando el cielo,
tirando redes, pescando sueños.
El camino me indica que no hay destino,
que este se fabrica, y aquí me encuentro, construyendo el mío.

Casi al final del sendero una luz brilla.
Los hilos plateados y los pliegues de la piel no mortifican.
¡Vivo al máximo!
Al final, mi sepulcro será rociado de agua bendita.
Ahí yace mi cuerpo solamente, porque mi alma vuela libre y mi corazón en mis letras palpita.
Sí, estoy en espera de una nueva vida.

Flor del desierto

Heme aquí, soy la flor del desierto
que destila su vida en poesía.
Mi sueño permanece despierto,
aún surcando el agua en mis mejillas

Suplicando unas gotas de amor,
siempre al alba doblo mis rodillas
empujando hacia un lado el dolor,
resurgiendo de mis agonías.

Soy guerrera luchando batallas,
voy de frente, de cara, hacia el sol,
no hay escudo que proteja mi pecho,
solamente la gracia de Dios.

Esa luz que emana de mi alma
es la mano me abre la puerta
para dejar mi granito de arena
y saciar a las almas con letras.

Voy sembrando memorias día a día
para que nunca me alcance el olvido
abrazando mi cruz con amor
porque Dios es muy bueno conmigo.

No reniego del crudo destino
ni de la piedra con que he tropezado.
Yo recojo lo mejor del camino
y lo malo lo voy desechando.

La semilla que siembro florece
para el ojo que goza de verla.
Doy amor a quien lo merece,
pues no tengo riqueza ni perlas.

Si la flor fenece de sed
y sus pétalos caen a la tierra,
seguirá iluminándolo a usted
con la luz que destila la estrella.

Brillará con más resplandor,
abonando la tierra que pisas,
resurgiendo en la sombra del árbol,
gozándose de tus sonrisas.

La página 10

Me decreté
inmune al amor
después de sufrir una desilusión.
Pero, descubrí el libro de tu alma y me derritió,
cedí de inmediato, caí en tentación.
Busqué en la portada y me impresionó,
releyendo el prólogo hablaba de amor,
hojeé entre sus páginas y ahí estaba yo,
descrita en poesía con tinta de Dios,
floreciendo a diario con gotitas de amor,
nunca imaginé que fuera un error,
me atrapa la duda y vuelvo a leer.
El índice muestra, en la página 10
Leíste, la historia al revés. ¡Qué tonta, qué ilusa!
Volviste a caer.
Nudos de garganta arrastran mis pies,
torrentes salinos quemando mi piel.
¡El cielo era falso! La historia no es.
He cerrado el libro,
hay llanto otra vez.

Canto al cielo

Ni el sufrimiento me hizo frágil
ni las heridas me hicieron débil.
Contrariamente a lo imaginado,
me convertí en una mujer más hábil.
Lo que he vivido me dio experiencia
y aprendí a ser independiente,
poquito a poco, saqué los miedos
y telarañas que había en mi mente.
Yo no me adhiero a los sufrimientos,
se me hace horrible victimizarme.
Por el contrario, le canto al cielo
y en poesía le susurró al aire.
No busco nada, ni estoy hurgando,
pues Dios provee lo necesario
y la sonrisa que hay en mis labios
es mi estandarte que uso a diario.

Bruma

Noche de espesa bruma
donde no refulgen
los luminosos rayos de la luna.
Oscuridad absoluta,
un cielo sin estrellas
perdido entre las nubes.
Un corazón marchito
donde reinan las vicisitudes
inmarcesibles del recuerdo.
Te tuve y ya no te tengo,
tu ausencia duele,
con tu legado me sostengo.
Marca un parteaguas
tu partida, lo digo en serio.
Madre, fuiste el pilar
de mi vida.

Reflejo de la falsedad

Gastando los minutos,
retándome a mí misma,
consumo los horarios,
alimentado mi autoestima
con las manos levantadas.
Me coloco la corona
y me visto de optimismo,
luciendo más cabrona.
No soy la que fui antes,
ni sé qué sea mañana.
El ego está distante,
no es soberbia o vanidad,
solo me amo y me respeto,
transmitiendo integridad.
El amor propio recita
mi poesía con humildad.
Si te quieres ver bonita,
busca en tu alma la bondad.
Qué ponerte ante el espejo
el reflejo es falsedad.

Lágrimas

No sé si a ti te pasa
lo que sucede conmigo,
que la pluma descansa
y te llega el hastío.

Que, aunque el agua abunde,
la sed prevalece;
que le sonríes a la vida
y la nostalgia crece.

Que tienes a los vivos
y extrañas a los muertos,
que deberías dormir
y permaneces despierto.

Que escribes en tu mente
historias y cuentos,
pues la pluma descansa
por un largo tiempo.

Que buscas la luna
y el sol te encandila,
que deseas llorar
y escribes poesía.

Que lágrimas ruedan
y esbozas sonrisas,
que te sientes triste
y amas la vida.

Que te sientes águila
y luego una hormiga.
Que secas tus lágrimas
y das lucha a la vida.

Sin margaritas

Si no hubiese margaritas
deshojaría mis pesares
quitándome una a una
las espinas de mis males.

Deshojaría mis tristezas
haciendo nuevos rituales,
depurando el corazón
de amores desleales.

Sanándome con suspiros
las heridas agrietadas,
mitigando así el dolor,
reconstruyéndome el alma.

Besando la tierra fértil
con hálito a bocanadas,
que será la que al final
abrace mi fría mortaja.

Sí me ama, no me ama;
¡sí me ama, mi tierra amada!
Ese amor inmarcesible
me espera y no tengo ganas.

Fénix

Regresando a la vida
con el alma desmoronada,
tocando fondo sin ilusión alguna, a punto de tirar la toalla,
semejé mi vida a la de una cucaracha,
con la mirada perdida, buscando un
estímulo que me inspirara.
Descorché un licor de los que tenía en mi barra.
Me serví una copa para desatorar el nudo de mi garganta.
Eructó el dolor, haciendo fluir mis lágrimas,
dejando mis pupilas deshidratadas y en mi corazón
ardía con más fuerza la llaga a punto de desvanecer.
Una voz interior me gritó: ¡Cobarde!
Sí, ¡Cobarde!
Tú que te mofas de ser invencible y de tu valentía haces alarde.
Tienes razón, quizá no sirves y a otros robas el aire.
Solté la copa y me incorporé, decidida a no rendirme.
Me impulsó esa voz a buscar un hálito de vida.
¡No soy cobarde!
Me dije a mí misma, voy a renacer,
tomaré el control
alimentando mi autoestima.

Aún desmoronada, salté el obstáculo que me
atrapaba y me oprimía.
Me lancé optimista a resurgir
de las cenizas.

El canto de la chicharra

Con una copa en mi mano
en una tarde bohemia,
me distraje relajada
y me perdí en la comisura
de un adagio inmaculado.
El canto de la chicharra
me regresó a la vereda.
Disponiéndome a escribir
para el reto algunas letras...
Letras que buscan volar
y penetrar muchas puertas
y acariciar corazones
de compañeros poetas.
La tarde está silenciosa
y las nubes vuelta y vuelta,
en su danzar amenazan
con una tremenda tormenta.
El silencio dicta palabras
y la inspiración me llega.
Extrañando aquellos días
donde me llamabas nena,
donde sin problema alguno

El "te amo" era nuestro tema.
Me abrazabas a distancia,
yo te besaba en poemas.
Eras el Rey de mi vida
y yo el fuego de tus venas.
Fui una ilusa al adorarte,
la verdad no vi a futuro.
Hice bien en alejarme,
aunque aún seas mi mundo.
Yo atravesaba distancias
corriendo la milla extra
y tú construías un muro y
me cerrabas la puerta.
Tú, en mí, seguirás eterno,
y yo, para ti estoy muerta.

Autoestima

De mis recuerdos acopio,
careciendo de amor propio,
la resiliencia acredita
cual vástago infinita.

El amor propio recita,
sin decir palabra alguna,
que existir ya es fortuna
y nada más necesita.

Que me eleva hasta la luna
y me siento empoderada.
No necesito tribuna
ni piso alfombra dorada.

Con la frente levantada
y el pecho bien erguido,
evitando prepotencia,
uso el amor de vestido.

Mi pancarta, mi autoestima,
y mi premio las sonrisas,
sin caer en arrogancia.
Le doy gracias a la vida.

Buscando motivos

La noche perfecta
y no había poesía.
Una luna llena,
la mejor compañía,
una niña triste
con el alma vacía,
quería desechar
su melancolía.
Buscaba impaciente
un aliento divino
que le motivara
a seguir el camino.
Y tuvo la idea,
para su buena fortuna,
hacerse un columpio
en el pico de la luna.
El vaivén de su alma
columpió su amargura,
ya no había nostalgia,
sonrió con mesura.

Esa luz radiante
que emergía de la luna
rompió su tristeza
y le volcó ternura.
La niña hoy sonriente
le apuesta a la vida,
lleva su alma en paz
con mucha energía.

Mis letras

Voy tejiendo telarañas
con las yemas de mis dedos,
me deshago de tristezas
y echo fuera mis miedos.
Son fragmentos de mi alma
depositados en versos,
unos le llaman poesía,
rimas prosas o sonetos.
Yo solo junto las letras
que me dicta el pensamiento,
expulsadas de mi alma
en alegría o sufrimiento.
Entretejo como araña
y plasmo cada momento.
Para mí, mis letras son:
la voz de mis sentimientos,
un escudo que protege
y libera mis lamentos,
es terapia para mi alma,
son hilos que van uniendo
fragmentos del corazón
que el daño tenía dispersos.

La tinta de mi pluma

Hoy, uniendo nuestras plumas
en letras, nos abrazamos,
eliminando distancias,
perfiles entrelazados
y atravesando murallas,
somos poetas hermanos.
Ustedes dan paz al alma
en cada lindo poema
con esa pluma en sus manos
hoy fueron mi inspiración
y aunque ni parientes somos
los tengo en el corazón.

Ustedes son el ejemplo,
en cada lindo poema
con la tinta de su pluma
aligeran nuestras penas,
van uniendo las fronteras,
brindando gozo al lector,
penetrando las miradas,
incrustando el corazón.

Hoy quiero darles las gracias,
hoy las gracias yo les doy,
por todo lo recibido.
Poesía, hermandad y amor.
Se despide con cariño,
por siempre su amiga,
Flor.

Mala madre

Hoy me senté en el banquillo de los acusados
y me declaré culpable,
sí, culpable irrefutable.
Señor Juez, es cierto, soy mala madre.
Mala madre, por haberlo traído al mundo
sin que lo haya pedido.
Mala madre, por mis noches
de insomnio,
cuidando de mi hijo cuando estaba enfermo,
por incitarlo a estudiar cuando
deseaba jugar,
por darle a comer alimentos saludables.
Mala madre, por obligarlo a lavar su
plato terminando
de comer y enseñarle a decir:
Gracias,
buenos días, por favor, disculpe usted.
Mala madre, por inculcarle a respetar
a sus mayores
y no apropiarse de cosas ajenas,
por enseñarle a amar y a seguir
a Dios.

Levantarlo muy de mañana para que llegara
puntual a la escuela.
Por no dejarlo tener
malas compañías.
Por invadir su privacidad y revisarle
cajones y mochilas.
Mala madre, porque, en sus años de rebeldía,
visité a la consejera y opté por llamar
un policía.

No lo niego, soy culpable,
culpable de quedarme
sin comer, porque a él no le faltará un
plato de comida,
sí, culpable de amarlo más que
a mi propia vida.
Culpable por mis noches de insomnio,
pidiéndole a Dios que lo proteja y lo bendiga.
Por sentir el dolor cuando caía de rodillas.
Si la condena es cadena perpetua, ayuno o vigilia,
con gusto la cumplo.
Soy mala madre y no me arrepiento.
Por el contrario, me llena de alegría.
Pues, gracias a que fui mala madre,
hoy tengo un buen
ciudadano, buen hijo, buen hermano
y buen padre de familia.
Ponedme las esposas.
Aquí están las manos mías.

Mi cajita de Pandora

Finalmente, abrí mi cajita de Pandora
y dentro conseguí, todo lo que soy ahora,
encontré la resiliencia que me
decretó vencedora.
Estaba ahí mi libertad que me desató de las cadenas
y ahí la solución a lo que llamé problema.
Mi fortuna estaba dentro como un diamante pulido y,
al descubrirlo, resarcí el dolor antes sentido.
Encontré a mi yo interno, vestido de integridad
Y justo en ese momento, valoré mi soledad.
Recordé un dicho mexicano
que siempre decía papá
"Las águilas vuelan solas y
los tordos en manada".
Aprenda, mi hermosa niña, no sea tan despistada,
no basta con ser bonita para recibir amor,
importa tener principios, valores y educación.
La cajita de Pandora,
traía dentro a
mi viejo.

Sésamo

¡Emoción impredecible!
Labriego, soy de tu esencia,
muriendo voy y me digo inmarcesible,
en tu búsqueda denoto la impaciencia.

En el recodo del arrebol te concibo
reverberando los rincones de mi alma,
transmutando en remanso con sosiego
saboreando el melifluo de la calma.

Férreo y turgente el corazón,
se ensancha como, hoja de acederón,
delimitando surcos, incitándome valor.

Empujándome, apostado y decidido
con un puñado fehaciente y optimista
desechando el cataclismo
de mi mente.

Sensaciones

Mi más grande pasión
es escribir, ya lo saben.
Hoy le escribo a la vida
antes de que se me acabe.
Tengo tan grande ilusión de
plasmar mi vista en sus mares,
y me lleno de pasión al
disfrutar de sus manjares.
Disfruto también el cielo
y contemplo las estrellas,
me gusta salir al campo,
ahí están las cosas más bellas.
Me enloquecen los caballos,
me gusta mucho montarlo.
Como en mis mejores años,
hoy galopó como rayo.
La madre naturaleza
nos ofrece sus encantos.
Me gustan mucho las flores
y de las aves el canto.
Me encanta mirar las vacas
amamantar sus becerros.

Gozo mucho de los ríos
y disfruto ver los cerros.
Me gustan las sensaciones
de correr al aire libre.
Exaltan mis emociones,
aunque de loca me tilden.
Aquí les dejo mis letras
esperando les agraden,
no hice referencia a todo,
creo que mi escrito es muy pobre.

Mis versos

Al amor, en letras mudas,
yo le rindo pleitesía.
Es motor inmarcesible,
complemento de armonía.
Son mis versos homenaje
que enaltecen su existencia
y mi prosa es el lenguaje
que le da luminiscencia.
Sin amor sería el mar muerto,
maniquí de aparador
títere sin movimiento,
o embarcación sin timón.
Al amor es que le canto
como lo hace el ruiseñor
y lo ofrezco diariamente
como cheque al portador.
El universo es un jardín
donde florece el amor,
solo percibes su aroma
si eres un buen sembrador.
Entre dulces letras mudas
lo entrego sin condición
porque goza el alma mía
cuando soy el receptor.

La paz

En mi alma escrito está,
justo antes de nacer,
que, para alcanzar la felicidad,
debería padecer.
Con tinta endeble
en las grietas de mi alma,
escritas heridas
que el dolor emana.
Heridas sanadas
por torrentes de lágrimas,
que, sin objetar,
absorbió mi almohada.
Escrito ahí estaba
que sería obstinada,
y mi fiel testigo,
por siempre mi almohada.
Como escrito estaba
que amaría las letras,
aun con carencia
de alguna libreta,
escribiría en el aire,
me sentiría poeta,

aun cuando el lector
me cerrara la puerta.
Y es que mis poemas
me llenan la vida,
y creo mi mortaja
llevará poesía.
Con tinta endeble
de color coral,
escrito en mi alma
¡promueve la paz!

Silencios

Sigo escribiendo mis letras mudas
que ni hacen eco, ni hay portavoz,
pero depuran mi alma rota,
son los reflejos del corazón.
Y harán gran ruido cuando me vaya,
cuando fulmine mi corazón,
cuando mi alma esté relajada
y regocijante ya junto a Dios.
Me satisface y llena de orgullo
derramar tinta, ¡es mi pasión!
No son perfectas mis letras mudas
mas representan mi centurión.
Son melodiosas y a mí me agradan,
ese es el punto, es la intención.
Llenar de gozo mi vida diaria,
plasmar reflejos del corazón.
Haced las cosas que a ti te gusten
y que complazcan tus intereses,
las que remienden el alma rota,
y sé feliz porque lo mereces.
Aunque sean mudos todos tus actos,
sin portavoz y no haciendo eco,
llena tu alma con mucho orgullo,
enalteciéndote de silencios.

Flor marchita

Necesito que fluyan las letras,
liberar en versos el alma,
lanzar fuera toda la tristeza
y después un *relax* y calma.
Una manta que mitigue mi frío,
una pluma empuñada en mi mano,
entre líneas, café calientito
y en silencio, mi mente inspirando
un pañuelo que cubra mi llanto,
una luna en el cielo estrellado.
Un amigo que no me abandone
cuando estoy en el hoyo atorado.
Unas letras que salgan del alma
que me empujen a seguir luchando,
un jaloncito de orejas muy fuerte
de esta flor que se está marchitando.

Quimeras

Me atreví a plasmar pinceladas en la luna,
dejando un poco de mi esencia
cada noche de mi vida, austera en verano,
en invierno y hasta en la primavera.
Inyectándole en susurros melancólicas tristezas,
nostalgias, sonrisas,
gozos y alegrías sin que ella respondiera...
Es mi cómplice.
En silencio, es apreciada su respuesta.
Es tan fiel, ¡no me juzga, ni me reta! Siempre está dispuesta
y mis estados de humor respeta.
Ella sabe que en cada pincelada estoy desnudando
mi alma como el tesoro más sagrado y es porque en ella
será eterno mi legado. Entre suaves pinceladas
ha recogido de mi corazón los retazos, convirtiéndolo en pequeñas
constelaciones que iluminarán el ocaso,
cuando a mi espíritu le broten alas y transmute volando alto...
Al verla tú, a quien yo amo, sienta en su luminiscencia mi abrazo.
Es ahí cuando te percatarás de que no me fui del todo,
me quedé porque te amo y sentirás mi presencia
escuchando en un susurro, el mensaje que he grabado
débilmente a pinceladas con mi último hálito de vida:

Sé feliz, que la vida es un instante y se termina,
no me llores, no me voy...
En la luna está mi esencia, siente ahí mi compañía,
es tan fácil, evoca mi recuerdo, sonríe,
mira arriba y, si deseas escuchar
el eco de mi voz, solo lee
mi poesía.

Miranda

Hoy hay tristeza en mi alma y,
en el cielo hay poesía.
Siempre te dije te quiero
y era porque te quería.
Estoy en *shock*, aún no creo
que hayas partido, amiga.
Tu voz de ángel declama,
ante el Señor tus poemas.
Yo, en la Tierra, llorando.
¡Ay, Dios, qué más grande pena!
Apártame un lugarcito,
mi reina hermosa tan buena,
tan noble de sentimientos,
para ayudar,
siempre presta.
Vivirás en mi memoria.
Tus letras serán eternas.
Brilla en el cielo, preciosa,
como lo hiciste en la tierra.
Que tu luz nunca se apague
y que no mueran tus letras.

Dejaste un nudo en mi alma
y te honro en mis poemas.
Cuando yo emprenda mi vuelo,
quiero que tú abras la puerta.
Voy a llenarte de besos
y abrazarte con mis letras.
Entre versos, rimas y prosas,
el cielo tendrá gran fiesta.

Miranda

Mi hermosa amiga
Un beso al cielo, preciosa.
Guardaré en mi memoria
todo lo que aprendí
de ti.

Sensorial

Erizos en mi piel
al roce de tus letras.
Soy el lienzo perfecto
que encaja con tu pluma.
No existe displicencia
en esta gran fortuna,
que turbe la pasión,
ni veo la diferencia
entre la luna y el sol
porque hacen un eclipse.
Tus versos en mi honor,
se siente vulnerable
ante ti mi corazón
y cedo a tus caprichos
en nombre del amor.
Los besos a distancia
atravesando millas
albergan la esperanza
de eliminar distancias
y posarse algún día
acá en la lontananza
cerquita de mi vida.

Poesía

Poesía, palabra tan corta,
pero encierra tanto,
para algunos, letras;
para otros, canto.

Es la voz del alma,
es a veces llanto;
puede ser suspiro
o tal vez un abrazo.

Son sonrisas tiernas
y miradas dulces,
pinceladas letras,
sabor agridulce.

Miedos escondidos
o recuerdos tristes,
un lindo arcoíris,
tal vez nubes grises.

Rimas y versos
trovas o sonetos,
prosas sin cauce,
prodigios excelsos.

Reflejo de luna,
sol resplandeciente,
mariposas volando.
¡Es amor ardiente!

Caricia del aire,
el canto de un ave.
rosa con espinas,
ríos, lagos o mares.

Luz de las estrellas,
fuego que consume,
nudo en la garganta,
tormento que abrume.

Sentimientos brotan
a través de ella,
y si la poesía te atrapa
tu vida es más bella.

¡Viva la poesía!
¿Quién vota por ella?
Yo le doy mi voto,
no vivo sin ella.

Culto a la vida

No le escribo a la tristeza
ni tampoco al desamor.
Le rindo culto a la vida,
viviéndola con amor.
El dolor es pasajero,
nunca nada es para siempre
si te abrazas del Dios vivo
ves la vida diferente.
Todo tiene solución,
la tiene incluso la muerte;
el cuerpo vuelve a su sitio
y el espíritu prevalece.
Dios te dio las herramientas,
a ti te toca el esfuerzo.
Trabaja por tus ideales
¡Decrétalo! Y ya es un hecho.
Ofreciendo una plegaria
inicia siempre tu día.
A Dios padre dale gracias
por amanecer con vida.

Las piedras en tu camino
te hacen más fuerte el andar
y llegas a tu destino
después de tanto luchar.
La vida es cada día,
una nueva oportunidad.
¡Vivámosla con ahínco!
que pronto se va a esfumar.

Letras garabateadas

La poesía transformó mi vida
desde que era pequeñita.
Fue un escape al dolor
cuando perdí a mi mamita.
Enjugándome las lágrimas
escribía mis sentimientos,
la pluma gritaba en letras
lo que decía el pensamiento.
Sacaba mi frustración
de no poder hacer nada
por regresar a la vida
a mi mamita adorada.
La poesía me hacía volar
aunque no tuviera alas.
El impulso me lo daban
mis letras garabateadas.
Escribiendo en un papel
el dolor se esfumaba
y mi condición de huérfana
a segundo plano pasaba.

Me perdía entre mi escritura,
así enjugaba mis lágrimas
y volvía a la realidad
cuando la tinta acababa.
Cuando mi pluma descansa,
mucho aflige la nostalgia.
Sin poesía no sé vivir.
Es ungüento para mi alma.
Hasta la fecha, escribo
mis letras garabateadas.
Eso me hace muy feliz.
De poesía estoy forrada.

Ángel de verdad

Llorando tomó su pluma
y escribir no le salía.
Quería plasmar su tristeza
en una bella poesía,
pues cuando escribe una línea,
su inspiración se desvía.
Ha perdido el entusiasmo,
se le esfumó la alegría.
Quiere darse por vencida,
se ha cansado de luchar.
Sueña quedarse dormida
para ya no despertar,
solo que algo se lo impide
es un ángel de verdad.
Su sonrisa la transforma
y le da felicidad.

Hermandad

Se oculta el sol para dejar lucir
a la luna, y luego el día da paso
a la oscuridad.
El árbol crece para compartir
su sombra, provee oxígeno
que no es para sí mismo.
Yo no entiendo la
envidia, egoísmo,
si es tan divino convivir
en hermandad
y compartir lo poquito que
tenemos con empatía, bondad
y humanidad.

Sin condición

Me quedo con la gente de alma transparente,
sencilla, empática.
Esa que brilla sin opacar a nadie, por el contrario,
comparte su brillo y su buena vibra para iluminar
a los demás, esa que no te dice te amo,
pero te lo demuestra a cada instante con hechos.
La que sabe que la vida no es una competencia
y no alberga en su corazón resentimientos,
envidia, odio o rencor.
Esa gente única que, si se equivoca,
tiene la suficiente valentía de pedir perdón.
Esa que perdona de corazón sin poner condición.
El amor, el amor no se condiciona
y la amistad menos, cada quien entrega
lo que hay en el corazón.

Ni santa ni diabla

¿Soy justo?
Y me preguntas que si soy justo,
no lo sé, pero sé que intento serlo con todo mi ser,
solo sigo los designios de mi corazón,
imitando los valores y principios inculcados
por mis padres con convicción, ofreciendo lo mejor de mí.
Practicando la empatía, la solidaridad y compartiendo
lo que día con día Dios me da.
Levantando la bandera de la Paz vestida de humildad.
Sin juzgar al prójimo, desechando de mi corazón
cualquier indicio de maldad, ni Santa, ni Diabla,
humana nada más.
Proclamando la doctrina de bondad,
elevando el estandarte
de hermandad.

Amar

Amar es demostrar con actitudes, aceptar al prójimo
sin importar sus errores o virtudes.
Abrazar el alma sin tocarla,
acariciar con la mirada,
dar apoyo y luz, eliminando la distancia.
Amar es dar pan al hambriento,
abrigo al que tiene frío,
ofrecer tu hombro, empatía y aliento.
Amar es sensibilizarte con el dolor ajeno como si fuera
propio, practicar la solidaridad, amar es caridad.
Amar es el sentimiento más bello
que posee la humanidad.
Amar es transmitirlo sin hablar.

Tesoro

Los amigos son hermanos
que ha elegido el corazón.
Pues no hay sangre que los una,
nos los ha asignado Dios.
Son el bálsamo al alma
cuando se sufre una pena.
Amigos sin condición
que te abrazan sin cadenas.
Siempre está ahí su hombro
dispuesto a soportar
esas lágrimas amargas
cuando te toca llorar.
No juzga si estás errando,
te abraza con mucho amor.
La amistad es tan sagrada
porque proviene de Dios.
Para mí es un gran tesoro
difícil de conseguir.
Pues hay muchos disfrazados
que solo te hacen sufrir.

Si consigues un amigo
que derrocha honestidad,
ese amigo es muy valioso
¡Valóralo de verdad!
La amistad es la semilla
que florece con el tiempo,
si le pones los cuidados.
¡Habrán amigos eternos!
No debería de existir
un día para celebrar
este tesoro preciado
llamado Amistad.
Yo celebro día con día
y consiento a mis amigos
agradeciéndoles siempre
que permanezcan conmigo.

Silla vacía

En mis aletargadas noches
cuando el sueño se me espanta,
me hago miles de reproches
con un nudo en mi garganta.

Y es que vienen a mi mente
unas imágenes tan vagas,
llorándole a mi madre enferma
a un lado de la cama.

Me faltó decirle cosas,
me faltó más abrazarla,
me faltó decirle al cielo
que no me la arrebatara.

Y me faltó gritarle a Dios
que yo la necesitaba.
Que, con su muerte, también,
me estaba arrancando el alma.

Pero yo era tan pequeña,
no tenía noción del tiempo
y del tamaño del problema,
no tenía conocimiento.

Y ahora que he crecido
no saben lo que lamento
de callarme tantas cosas
muy adentro de mi pecho.

Ahí en esa casa nuestra
quedaron muchos recuerdos.
Los recuerdos de mi infancia
cuando mami no había muerto.

Hay una silla vacía
dentro de mi pensamiento,
donde mi hermosa madre
me narraba bellos cuentos.

Hay una Biblia tan vieja
con antiguo testamento
que mi madre me leía
después de decir un rezo.

Pero en la silla vacía,
ahí es que están mis recuerdos.
Ella me llenaba de besos
y me ponía contra su pecho.

En un lado de mi cama
se ponía a velar mi sueño
se sentaba en esa silla
para que no me diera miedo.

Y una vez que había muerto,
yo me aferraba a la silla
y papi, por arrancarme,
hacía todos los intentos.

Aunque ha pasado el tiempo,
por las noches, cuando duermo,
aún en sueños me visita,
en la silla con un cuento.

A la mañana, al despertar,
yo le lanzo un beso al cielo
y entre lágrimas le digo,
Madre mía cuánto te quiero.

Mi padre vive

Cada vez que un familiar muere,
el alma sangra,
el corazón duele. Es un duelo que toda familia
debe atravesar y no hay palabra alguna
que mitigue el dolor tan excesivo y reconforte el alma.
En mi opinión, la muerte no es el final sino el inicio
de una nueva vida.
Una vida llena de paz, donde el dolor y las carencias no existen.
La muerte es parte de la vida. Aunque nos rompa
el alma,
debemos estar conscientes de eso.
Ese ser tan maravilloso que ha partido, también
te amaba y ten por seguro que a él no le agradaría verte triste
sufriendo su ausencia.
La vida sigue y la mejor manera de honrar su memoria
es manteniendo vivos todos los bellos recuerdos
que pasaste a su lado y, mientras él esté ahí dentro
de tu mente y tu corazón,
continuará viviendo.
Me costó muchas lágrimas y mucho tiempo entender esto
cuando murió mi padre. Hasta que en un sueño me visitó,
me dio un fuerte abrazo y me dijo con voz autoritaria

¡No más lágrimas!
Yo estoy mejor que nunca. Así que, mi reina, continúe con su vida,
que hay personitas que necesitan verla bien.
Como era costumbre cuando él vivía, que llegaba
a mi casa y yo le ofrecía un platillo de comida,
hice lo mismo en esta ocasión, cabe señalar que nunca decía
no tengo hambre, amaba mi sazón.
Esta vez me dijo: Hija, donde estoy no hay carencias,
no necesito comida, no existe el dolor.
La paz y el amor reina ahí, así que deme otro abrazo
solo vine a decirle que quiero ver que vuelva a sonreír.
Juro que fue tan real que aún siento la calidez
y el amor de ese abrazo.
¡Mi padre vive!

A mi hijo

De tu amor nutro mi alma,
en tu pecho me sostengo
y estoy tan orgullosa
de la semilla que siembro.

Por tus venas corre sangre
de una guerrera incansable,
que hace el intento de ser
buen ejemplo como madre.

Nada me debe la vida
todo me dio a manos llenas,
por eso soy la mujer
libre, completa y serena.

Quiero que sigas mi ejemplo,
nunca te dejes vencer.
Lucha siempre por tus sueños,
que tú tienes el poder.

Que nadie te menosprecie.
Eres íntegro y seguro,
así que, mi corazón,
ya lo sabes, vales mucho.

Sé humilde y serás enaltecido.
Esto no lo digo yo,
nos lo dice un versículo de un libro,
Palabra Santa del Cristo vivo.

De los orgullos de mi vida,
el más grande es el ser madre,
es por eso que, mi niño,
de mis hijos hago alarde.

Mi semilla lleva abono
de amor e integridad.
Te auguro un futuro lindo,
lleno de prosperidad.

Madre mía

Te revivo entre mis letras
con las yemas de mis dedos
y con olores a jazmín
fortalezco tu recuerdo.

Floreciendo en mi poesía
te retengo en mi memoria,
aún vives, madre mía,
y eres parte de mi historia.

No guardo luto para honrarte,
ni lamento en una fosa.
Yo prefiero recordarte,
madrecita bondadosa.

Estás brillando magistral
desde el centro de una estrella,
mandándome tu energía
por qué gozas verme bella.

Tus bendiciones me las dejas
en el pico de la Luna.
Ser tu hija, madre mía,
fue mi más grande fortuna.

Yo no pierdo la esperanza
de abrazarte allá en el cielo
y decirte ante los ángeles,
Madre mía, cuánto te quiero.

A mi hija

Pon tu confianza y fe en Dios,
el sabio de todos los tiempos.
Naciste libre y quiero que vivas de la misma manera.
Cree en ti,
amate mucho más que a cualquiera,
práctica la humildad y sé feliz, no perfecta.
Nunca dejes de soñar y trabaja por tus metas.
Consiéntete, sonríe, que la vida es mejor sonriendo.
Da sin esperar recompensa.
Estudia, estudia mucho, hasta conseguir una profesión
y, como consecuencia, puedas ser independiente.
Sigue los dictados de tu corazón y
nunca imites a nadie. Siente orgullo de ser original, íntegra,
honesta, prudente y empática.
Lee todo lo que puedas, reconoce tus errores
y aprende de ellos, desafía el destino.
Márcate retos, supera tus miedos. Sé humilde.
Que nadie te menosprecie, eres valiosa.
Sé tu prioridad. No permitas ser utilizada,
complácete a ti, no a los demás. Que no te importe
el qué dirán.
La gente siempre suele hablar.

Disfruta tus éxitos, llora si tienes que llorar,
llorar no es sinónimo de debilidad, eres humana.
Decir no, no es malo. Di no cuantas veces tengas que decirlo.
Perdona y no guardes rencor,
pero, sobre todas las cosas, vive, sí.
¡Vive, que la vida es efímera!

Abuela

El color de tu pelo
es la huella intacta
de luchas internas, de altas y bajas.

Muestra de vivencias,
de guerras ganadas
y de malas rachas.

De amores sublimes
trenzados al alma,
de lágrimas tristes
y sonrisas sanas.

De noches oscuras
y hermosas mañanas,
hilitos plateados
de nieve, tus canas.

Espalda encorvada
cargando nostalgias,
tu mente tan lúcida
cada día más sabia.

De alma jovial
y dulce mirada.
Te llaman abuela
los nietos te aman.

A mi padre

Te aferré a la tierra inconscientemente,
después de anunciarse tu inesperada muerte.
No sabía vivir sin tu protección,
un gran vació laceraba mi corazón.
Inmarcesibles recuerdos desfilan por mi mente
albergando el deseo
de volver a verte.
Si tuviera otra vida,
te volvería a elegir.
Sin duda alguna
fuiste el mejor padre
que Dios eligió para mí.
Quise retenerte haciéndome daño
porque, al recordarte,
lloraba a diario.
Hoy, con gran dolor,
desencadeno este filamento
que me ata al cielo.
Eso no indica
que ya no te quiero,
tan solo que ya no hay dolor
en mi pensamiento.

Cumpliste tu ciclo,
ahora lo entiendo,
y espero mi turno de emprender
el vuelo para volver a abrazarte
¡Sabes que es mi anhelo!

Madrecita

En los laberintos de mi alma
se encuentra impresa tu esencia,
tatuada con tu cariño y tus enseñanzas de vida.
Es ahí donde te busco cuando me afecta tu ausencia
y me llega la nostalgia, con mi mirada perdida.
En soledad, me conecto con ese hilito invisible
que me lleva a tu reencuentro, haciendo que
sea posible que yo sienta tu presencia.
Mi madrecita querida, te marchaste de mi vida,
lacerando mi inocencia.
No superé tu partida, el dolor aún prevalece,
inconmensurable, siempre.
De vez en cuando, te busco en los laberintos
del alma, escucho tu linda risa,
me recargo de energía y fluye la paz a mi alma,
haciendo gratos mis días.
Traerte aquí es utopía,
inmarcesibles recuerdos
que dan luz a mi estadía.

www.ingramcontent.com/pod-product-compliance
Lightning Source LLC
Chambersburg PA
CBHW071716090426
42738CB00009B/1787